AF234388

EXCURSION

AUX

GROTTES D'ARCY-SUR-CURE

Par M. A. PAQUERÉE

Membre correspondant de la Société Linnéenne de Bordeaux.

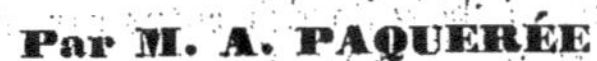

Si les hommes de notre siècle ont des défauts, et ils en ont, beaucoup même, on ne peut pas du moins les soupçonner de s'être laissés gagner par la flatterie, et d'avoir été gâtés par elle. Ils sont, au contraire, habitués à s'entendre dire des vérités assez dures, et la main qui jette le blâme s'ouvre pour eux plus souvent, et plus libéralement, que celle qui sème l'éloge. On les accuse d'aimer trop l'argent, de s'occuper uniquement des moyens d'en acquérir, d'être peu difficiles dans le choix de ces moyens, de négliger les sciences, ou bien de ne s'attacher qu'à l'étude de celles qui rapportent. Un mot, auquel on donne une signification presque flétrissante, celui de positivisme, a même été créé, tout exprès, pour désigner cette fâcheuse tendance de notre époque.

Ces accusations si fréquentes nous semblent quelque peu exagérées, et l'on trouve dans leur fréquence même une preuve qu'il est de nombreuses exceptions à cette règle, que l'on voudrait donner comme générale. Comment, en effet, soupçonner de positivisme ceux-là même qu se plaignent si hautement du tort causé par ce vice à notre société moderne?... Il est d'autres faits indiquant bien plus sûrement encore que le mal est moins grand qu'on veut bien le dire. Parmi ces faits, nous n'en citerons qu'un, le plus convainquant peut-être, c'est qu'à aucune époque les sciences purement spéculatives n'ont été plus généralement cultivées qu'aujourd'hui.

Les travailleurs dont la modeste ambition se borne à l'honneur d'ajouter une plante nouvelle à une flore départementale, à celui de découvrir une coquille, un insecte, ou de reconnaître l'âge d'un monument,

la date d'une médaille, le sens d'une inscription, ces travailleurs, di-
sons-nous, se rencontrent aujourd'hui par centaines. On les trouve sur
tous les degrés de l'échelle sociale, et il est peu d'arrondissements en
France, peu de cantons qui ne comptent quelques hommes attentivement
occupés à la recherche des matériaux d'un mémoire, d'une monogra-
phie, contenant souvent des trésors d'observation dont un savant de
profession fera peut-être un jour son profit et retirera toute la gloire.

Parcourez la France à la suite des corps savants réunis en congrès
scientifiques, archéologiques, botaniques, etc., partout vous rencon-
trerez quelques-uns de ces pionniers de l'intelligence ; accompagnez-les
dans quelque excursion dont la science sera le but, vous verrez avec
quel soin, avec quel amour ils ont étudié les richesses de leur pays.
Pour nous, qui avons plusieurs fois joui de cette bonne fortune, cela
nous est toujours une chose bien agréable de retrouver dans notre mémoire les heureux souvenirs qu'elle en a conservés ; aussi avons-nous
accepté bien volontiers l'occasion qui s'offrait à nous de rappeler les
détails d'une excursion faite aux grottes d'Arcy-sur-Cure et à l'abbaye
de Vézelay, le 9 septembre 1858, pendant la session tenue à Auxerre
par le Congrès scientifique. Bien avant le lever du soleil, nous avions
quitté Auxerre, entassés, au nombre de près de quatre-vingt, dans
plusieurs énormes diligences qui remontaient à la file la riche vallée de
l'Yonne.

Les naturalistes avaient à leur tête M. Cotteau, auteur de travaux re-
marquables sur la géologie de la Bourgogne; ils avaient aussi, pour se
guider, la magnifique carte géologique du département de l'Yonne dressée par notre savant collègue M. Raulin.

Les archéologues étaient dirigés par M. Victor Petit, un habile et savant
artiste, qui connaît Vézelay aussi bien, mieux peut-être, que le célèbre
architecte (1) qui, par la restauration de son église, vient d'acquérir un
nouveau titre de gloire.

Les archéologues et les géologues ont eu souvent des affaires à dé-
mêler entre eux, au sujet d'empiètements tentés de part et d'autre sur
leurs propriétés réciproques. Que de galets les premiers se sont appro-
priés, sous le prétexte de haches celtiques ! Que de pointes de flèches,
que de tombelles, que de rocs branlants, les géologues pourraient leur
faire restituer comme bien mal acquis !...

____

(1) **M. Viollet le Duc.**

Les archéologues, de leur côté, accusent un géologue d'avoir voulu leur ravir les pyramides d'Égypte, prétendant qu'elles ne sont autre chose que de gros cristaux de chaux carbonatée. Si cette accusation est fondée, disons du moins, à la louange des naturalistes, que pas un d'eux n'a soutenu le coupable dans sa tentative contre le bien d'autrui.

Si nous avons parlé de ces questions d'intérêt, c'est afin de constater que, nonobstant, les géologues et les archéologues n'ont jamais cessé de vivre en bonne intelligence. Aussi, comme plusieurs d'entre nous avaient un pied dans chacun des deux camps, il avait été convenu que nous verrions d'abord les grottes d'Arcy ensemble, et qu'ensemble aussi nous irions ensuite visiter l'abbaye de Vézelay.

Le fond de la vallée de l'Yonne, que nous suivions, est presque exclusivement occupé par des prairies naturelles coupées par de nombreuses rangées de peupliers, et couvertes alors des fleurs de la colchique automnale. Dans ces prairies paissaient des troupeaux de vaches, largement tachées de noir, de rouge et de blanc. Ces animaux, par leur bariolage, peuvent produire un très-joli effet dans un paysage; mais ils nous ont semblé manquer des qualités essentielles que devraient surtout s'attacher à obtenir les agriculteurs, plus appréciateurs, en général, de la forme que de la couleur.

Sur les flancs des côteaux, alternant avec des champs de vignes, on rencontre fréquemment des plantations de cerisiers cultivés à basse tige, nous pourrions même dire en buissons, car leurs branches se divisent au niveau du sol; leur fruit, très-renommé, est l'objet d'un commerce important avec Paris et l'Angleterre.

La vigne, aux environs d'Auxerre, est cultivée avec tant de soins qu'on serait plutôt tenté de la considérer comme une plante de luxe que comme une source de revenus. Il faut surtout visiter les crûs renommés, dont les deux principaux portent des noms de mauvais augure : *Migraine* et *Judas*. Nos jardins potagers sont rarement aussi bien tenus. La terre en est remuée à la bêche jusqu'à sept fois par an. Les ceps, plantés à 60 centimètres de distance environ, sont si bien alignés, les sarments si bien relevés, que pas une feuille ne dépasse ses voisines, et ne vient rompre la rectitude de la ligne. Disons, enfin, que quelques vignerons poussent l'excès de précaution jusqu'à couvrir, au printemps, leurs ceps avec des nattes ou des planchettes, afin de les préserver de la grêle ou de la gelée.

On se figurerait difficilement à quel point la propriété est divisée dans l'arrondissement d'Auxerre. On a dû renoncer aux haies et aux fossés de clôture, qui absorberaient la majeure partie du sol. Chacun de ces champs lilliputiens est parfaitement cultivé ; mais Dieu sait avec quelle énorme dépense de main-d'œuvre ! Toute amélioration agricole est impossible avec un tel morcellement. Aussi pensions-nous avec peine qu'une heureuse découverte, faite auprès d'Auxerre par un de nos collègues du Congrès, profiterait bien peu au département de l'Yonne. La veille, en effet, M. Guéranger, du Mans, avait reconnu à Seignelay, dans l'étage aptien de la craie, l'existence d'un dépôt considérable de phosphate de chaux. Nous pouvons malheureusement ajouter qu'alors même que cette constatation eût été faite dans un pays de grande culture, ce gisement aurait couru grand risque de ne pas être exploité. Nos agriculteurs, en effet, semblent peu disposés à recourir à ce puissant agent fertilisateur ; et lorsque, en Angleterre, nous voyons de nombreuses usines, dans lesquelles on convertit les phosphates neutres en biphosphates au moyen de l'acide sulfurique, ne pouvoir suffire aux besoins d'une consommation chaque jour croissante, en France, au contraire, une seule fabrique, croyons-nous, celle de M. de Molon, à la Vilette, peut bien facilement répondre à toutes les demandes qui lui sont adressées. Aussi nous attendons-nous à voir un jour les Anglais venir exploiter cette richesse de notre sol au profit de leur agriculture, comme nous les voyons, sur tous les lieux de production, enlever nos tourteaux, malgré les frais dont ils se trouvent grevés par le transport et par les droits considérables dont le gouvernement, dans sa sollicitude, en a frappé l'exportation.

En sortant d'Auxerre, M. Cotteau nous avait montré les roches de l'étage portlandien, peu fossilifères, mais dans lesquelles on trouve cependant assez fréquemment l'*Ammonites gigas*. Plus loin, il nous montrait les argiles grises du Kimmeridge, dans lesquelles on rencontre parfois, mêlés aux coquilles d'*Ostrea virgula*, dont elles semblent pétries, des débris de *Plesiosaures* et d'*Icthyosaures*. Les ossements de ces sauriens se trouvent aussi dans les roches du coral-rag supérieur, que l'on nous montrait un peu plus loin ; ils y sont mêlés à des encrinites, à des débris de poissons et à d'autres fossiles. Cette roche est largement exploitée à Bailly. La couche supérieure, pétrie de grosses oolites, donne un marbre jaunâtre veiné de bleu ; la couche inférieure fournit la magnifique pierre blanche connue à Paris sous le nom de *pierre de tonnerre*.

Nous arrivâmes à Cravant. Une bataille livrée en 1423, sous les murs de cette ville, a donné à son nom une célébrité historique. Cravant appartenait au Chapitre d'Auxerre. Pendant la longue guerre entre les Armagnacs et les Bourguignons, ces derniers avaient mis dans cette ville une garnison importante, que commandait Claude de Beauvoir de Chastellux. L'armée française essaya de s'en emparer par surprise ; mais les Anglais, alliés des Bourguignons, tombèrent sur elle au moment où Chastellux faisait une sortie, et les troupes de Charles VII furent taillées en pièces. Le maréchal de Chastellux remit ensuite Cravant entre les mains des chanoines d'Auxerre, et ne demanda rien pour leur avoir conservé cette place. Le Chapitre lui prouva sa reconnaissance en conférant le titre de premier chanoine de la cathédrale à lui et à l'aîné de ses descendants. Ce titre et les prérogatives y attachées se sont perpétués dans cette famille, et l'on a vu, en 1819, le marquis de Chastellux prendre possession de sa stalle, revêtu du costume traditionnel. M. Adolphe Joanne donne, d'après Millin, de curieux détails sur ce costume. « Le chanoine-soldat, dit-il, entrait dans le chœur en habit militaire : il était botté et éperonné ; un surplis blanc et bien plissé couvrait son habit ; un large baudrier passait sur ce surplis, et son épée y était suspendue. Le brave chanoine avait les deux mains gantées, un faucon sur le poing, une aumusse sur le bras gauche, et il tenait de la main droite un chapeau orné de plumes blanches.

Dans la cathédrale d'Auxerre est le tombeau du maréchal de Chastellux, avec une épitaphe moderne, qui fait plus honneur au patriotisme de son auteur qu'à ses connaissances historiques. Elle porte en effet, sommairement, qu'à la bataille de Cravant, Chastellux commandait les Français qui remportèrent sur les Anglais une victoire signalée.

Après Cravant, nous quittâmes la vallée de l'Yonne et nous suivîmes celle de la Cure, l'un de ces affluents. Cette vallée est non moins belle, non moins riche que celle que nous venions d'abandonner. La Cure était couverte de trains de bois, que l'on forme en cet endroit pour les acheminer ensuite sur Paris, par l'Yonne et la Seine. Cette industrie enrichit les habitants d'Acolay, de Lucy, de Bessy, de Vermenton, d'Arcy et de plusieurs autres localités importantes, situées sur les bords de cette rivière. Les bois arrivent principalement de Morvant, soit par la voie de terre, soit surtout par le flottage à bûches perdues.

Avant d'arriver à Vermenton, le côteau de la rive droite se rapproche tellement de la Cure qu'on a dû l'entamer jusqu'à une grande hauteur pour y tailler la route. La roche, ainsi coupée, est formée d'un calcaire lithographique d'un blanc jaunâtre, que l'on considérait comme appartenant à l'Oxford-Clay, avant que M. Cotteau n'eût reconnu sa relation avec le Coral-rag, dont il forme, d'après lui, la partie moyenne. Des Pholadomies, des Myes, des Anatines, des Cardium forment la majeure partie des fossiles qu'il y a rencontrés. Cette roche attire l'attention par la régularité de ses assises, d'une épaisseur à-peu-près égale. Les lignes parallèles qui les séparent, sont coupées à angles droits par des cassures divisant la masse en cubes réguliers, qui fournissent aux habitants du pays des matériaux tout taillés pour la construction de leurs maisons.

A quelques kilomètres au-dessus de Vermenton, la vallée de la Cure semble complètement fermée par un côteau, coupant à angle droit la ligne du Talweg. Un joli château, ombragé par de beaux arbres, est sur ce côteau, que la rivière entoure de trois côtés; elle fait d'abord un long détour, puis un étroit crochet, qui la fait brusquement changer de direction et couler parallèlement à elle-même, sur une longueur de plusieurs centaines de mètres. Ce côteau forme donc ainsi comme un long promontoire; il est percé perpendiculairement à sa ligne de faîte par de nombreuses cavités, dont trois seulement sont assez considérables pour mériter le nom de grottes.

Les principales entrées des grottes d'Arcy sont au sud du côteau, en amont. Celle de la plus grande s'ouvre dans la partie supérieure d'un talus d'éboulement. Dans l'intérieur, le terrain s'abaisse, par une pente assez rapide, et le sol du souterrain est à peu-près de niveau avec les eaux de la Cure. Comme l'on a tout lieu de croire qu'autrefois cette rivière s'est frayé un passage à travers ces grottes, il est naturel de penser que cette ouverture, très-vaste alors, se prolongeait, par en bas, jusque dans son lit; que des éboulements du rocher qui la domine l'ont obstruée, en ne laissant de libre, dans sa partie supérieure, que l'étroit espace par lequel on y pénètre aujourd'hui.

Les grottes d'Arcy appartiennent à M. le comte d'Assay, propriétaire du château d'Arcy; une porte fermée à clé constate son droit de propriété. Cette porte nous fut gracieusement ouverte, et nous pénétrâmes dans l'intérieur au nombre de près de cent; car, à nous s'étaient joints plusieurs habitants du pays. Chacun s'était muni d'un bâton, afin d'assurer sa marche dans la boue et sur les pierres humides et glissantes, et d'une chandelle dont la clarté, jointe à celle de toutes les autres, était bien loin de produire une brillante illumination dans ce souterrain immense. Chacune d'elle formait un point lumineux éclairant à peine les objets environnants. Une partie des groupes de stalactites restait donc noyée dans l'ombre. Aussi, notre imagination aidant, si nous avions bien voulu, nous aurions pu voir, comme tant d'autres avant nous, toutes sortes de belles choses : des vierges, des rois sur leurs trônes, des palmiers, des vases, des draperies, etc. Ces stalactites sont nombreuses, mais peu brillantes. Buffon, qui fit plusieurs voyages à Arcy, affirme qu'elles augmentent si rapidement de volume que dans un avenir rapproché, elles auront complètement obstrué la grotte. Le grand naturaliste s'est bien trompé, car les stalactites brisées depuis longtemps, celles entr'autres qu'il fit emporter en grande quantité à Trianon, ne se sont pas encore reformées. Quelques-unes même montrent une cassure aussi fraîche que le premier jour ; il se trompa non moins sur l'origine des grottes elles-mêmes, qu'il disait être des carrières abandonnées. Daubenton allait plus loin ; il affirmait que les pierres de la cathédrale d'Auxerre en avaient été extraites. Nous n'avons pas, dans un simple rapport d'excursion, à nous occuper de la question si importante de la formation des cavernes ; mais nous devons dire qu'on a constaté de la manière la plus positive, que Buffon et Daubenton se sont trompés. On a reconnu aussi, avec toutes les preuves de la certitude, que les eaux, probablement celles de la Cure, se sont autrefois frayé un passage à travers ces grottes. Ces preuves, on les trouve dans les amas de sable et dans les traînées de cailloux roulés qu'on y rencontre à chaque pas. On nous fit remarquer que ces cailloux sont identiques avec ceux que la Cure roule encore dans son lit.

Vers le fond de la grotte, les stalagmites se montrent sous un aspect assez extraordinaire. Elles forment des sillons ondulés, dont quelques-uns ont plus d'un demi-mètre de hauteur. On pense pouvoir expliquer cette forme étrange, par la supposition qu'elles se sont déposées au fond d'une eau courante.

On nous fit remarquer une stalagmite, jointe à la stalactite supérieure, qui se trouve aujourd'hui suspendue à plus d'un mètre du sol. La base de cette stalagmite que l'on nomme la coquille de Saint-Jacques, est évasée et montre, empâtés dans sa masse, de nombreux galets, semblables à ceux que l'on rencontre fréquemment sur divers points de la grotte. De ces trois choses l'une ; ou le sol s'est affaissé, ou la voûte s'est relevée, ou un phénomène d'érosion a eu lieu. Cette dernière supposition est seule admissible ; l'on doit penser que la Cure s'était retirée après le dépôt des galets, et qu'après la formation des stalagmites, elle envahit de nouveau la grotte et entraîna la terre et les cailloux sur lesquels reposait celle dont nous parlons.

A une centaine de mètres de l'entrée, est un tas de boue noire, sale, puante, que Buffon avait remarqué, et dont il avait reconnu la nature et l'origine. C'est un amas de guano formé par les chauves-souris qui habitent en grand nombre cette partie de la grotte.

Dans la grotte d'Arcy est une flaque d'eau, décorée du nom pompeux de lac. On prétend qu'elle communique avec la Cure. Un habitant du pays nous raconta une histoire de poissons borgnes que l'on y pêche. Cette même histoire, depuis Hérodote, est racontée au sujet des lacs souterrains de tous les pays.

Les grottes d'Arcy sont creusées dans la grande oolite : elle est représentée là par un calcaire siliceux peu fossilifère, qui semble répondre au *Forest-marble* des géologues anglais. Cette roche est recouverte par le calcaire, à Chaille, que M. Cotteau rapporte au *Coral-rag*, inférieur ; contrairement à l'opinion de notre honorable collègue, M. Raulin, qui le classe au contraire dans l'*Oxford-clay* moyen. En outre des rognons calcaréo-siliceux, appelés chailles, qu'on y trouve en grande quantité, M. Cotteau y signale trois cent vingt-cinq espèces de fossiles; parmi ceux-là, il reconnaît que quelques-uns, l'*Ammonites plicatilis*, et l'*Ostrea dilatata,* entre autres, sont bien évidemment oxfordiens ; mais comme on les rencontre, surtout dans les couches inférieures, il pense que les animaux dont ils sont la dépouille, ont pu passer d'un étage à l'autre.

A peu de distance de la grande grotte, s'ouvre au niveau de la rivière, celle de la Goulette qu'on ne peut parcourir, à cause des eaux qui s'y engouffrent, et que l'on voit ressortir de l'autre côté du rocher, dans le lit même de la Cure.

Une autre grotte, la plus remarquable peut-être, est à deux cents mètres environ de la grande; elle est connue sous le nom de *Grotte des Fées* et ne contient pas de stalactites. Le sol en est formé d'un limon noirâtre, contenant, en grande quantité, des matières organiques. On avait commencé à l'exploiter afin de l'employer comme engrais. On le trouva rempli d'ossements, dont beaucoup furent détruits. On voit encore leurs débris près de l'entrée. D'autres furent recueillis avec soin, et l'on reconnut qu'ils avaient appartenu à des ours, des chiens, des chevaux, des éléphants, des bœufs, des rhinocéros, etc. On avait déjà trouvé, dans la grande grotte, des ossements d'éléphant et une mâchoire d'hippopotame.

On a cessé d'exploiter, dans la Grotte des Fées, le limon fossilifère, formé, sans doute en majeure partie, par la chair décomposée des quadrupèdes dont il empâte les ossements. Espérons, que, si à l'avenir on reprend cette exploitation, ce sera uniquement au profit de la science.

On comprend que les géologues ont dû se préoccuper de la solution du grand problème posé à la science par l'accumulation d'ossements fossiles observée dans plusieurs grottes. Cuvier, en 1812, lors de la publication de ses recherches sur ces fossiles, ne connaissait qu'un petit nombre de cavernes à ossements, qu'on lui avait signalées en Allemagne. Il n'en avait reçu que des débris de carnassiers; aussi pensa-t-il que ces animaux étaient morts où ils avaient vécu et s'étaient propagés, et que leurs générations successives avaient formé ces amas d'ossements dans les cavernes qu'ils avaient habitées pendant leur vie. Il serait difficile, cependant, de comprendre comment ils auraient pu vivre dans toute l'étendue des cavernes de la Franconie, par exemple, dont le grand naturaliste donne, d'après Esper, la description dans l'ouvrage cité (T. IV, 4e partie, page 5 et suivantes). Dans ces grottes, en effet, en outre de passages tellement étroits qu'un homme peut à peine y pénétrer, on rencontre des différences de niveau considérables, qui nécessitent, pour les visiter, l'emploi d'une échelle.

Plus tard, quand on eut trouvé des ossements d'herbivores mêlés à ceux des carnassiers, on fut obligé de modifier l'hypothèse de Cuvier. On supposa alors que les carnassiers avaient emporté les herbivores dans leurs cavernes, afin de les dévorer tout à leur aise, et que les os que l'on trouvait ainsi réunis étaient ceux des mangeurs et des mangés.

Mais comment admettre qu'un ours, une hyène aient pu emporter le cadavre d'un éléphant, ou même le dépecer, si l'on veut supposer qu'ils n'aient porté qu'un membre après l'autre? Du reste, les habitudes des carnassiers fossiles devaient peu différer de celles des animaux qui les représentent dans le monde actuel. Or, les hommes qui ont étudié les mœurs de ces derniers, affirment que jamais les grands carnassiers n'emportent leur proie dans leurs cavernes, mais qu'ils l'entraînent dans les broussailles, et alors seulement que la crainte les empêche de la dévorer sur place. Ces suppositions ont donc été généralement abandonnées pour une autre qui se présente avec toutes les apparences de la certitude.

On pense que le remplissage des cavernes à ossements s'est fait, le plus ordinairement, par des crevasses formant à la surface du sol des puits naturels, des entonnoirs, dans lesquels, à l'époque diluvienne, les eaux ont entraîné des cadavres d'animaux qui se sont amoncelés dans leurs profondeurs ; on suppose qu'ensuite ces crevasses ont été comblées, soit par des éboulements, soit par des dépôts de stalactites.

Dans les grottes d'Arcy, les choses ont pu se passer un peu différemment : les eaux ont dû se frayer un passage à travers les entrées actuelles. On peut supposer que des issues étroites, des étranglements, ne leur permettaient de s'écouler que lentement ; que leur surface restait ainsi parfaitement calme ; que les cadavres d'animaux et les autres objets légers entraînés par elles s'arrêtaient dans ces cavernes, et flottaient immobiles à leur surface jusqu'au moment où les gaz qui distendaient leurs tissus s'étant dégagés par le fait d'une décomposition avancée, ils tombaient au fond, en vertu de leur densité plus grande. Ce qui vient à l'appui de cette supposition, c'est que dans la grande grotte, où les courants étaient très-rapides, ainsi que nous en trouvons la preuve dans les galets qu'ils y ont entraînés, les ossements fossiles sont très-rares ; et si l'on en rencontre quelques-uns d'éléphant ou d'hippopotame, c'est sans doute parce qu'en vertu de leurs énormes proportions, leurs cadavres se sont échoués dans les endroits où la profondeur de l'eau n'était pas suffisante.

Il y a quelques années, on découvrit dans la Grotte des Fées, très-près de la surface du sol, des fragments de silex taillé, de charbon de bois et de poterie grossière. Quelques personnes crurent voir là des preuves suffisantes de la contemporanéité de l'homme et des animaux dont on trouve les ossements dans cette caverne. Pour nous, nous pensons que l'auteur de cette découverte ne pouvait en tirer qu'une conclusion : c'est qu'avant lui d'autres hommes avaient pénétré dans la Grotte des Fées.

Après notre visite à Arcy, nous continuâmes notre voyage vers Vézelay. Vis-à-vis les grottes, à quelques centaines de mètres, nous traversâmes un magnifique tunnel, creusé, il y a peu d'années, pour donner passage à la route d'Auxerre à Lyon. Nous admirâmes, en sortant, les beaux escarpements formés par la grande oolite. Quinze kilomètres nous séparaient encore de Vézelay, dont nous apercevions déjà, au sommet d'un côteau élevé, l'église aux vastes proportions. Nous passâmes au-dessous de Saint-Moré, que signale de loin, debout sur une pointe de rocher, une grande statue de la Sainte Vierge. Plus loin, nous traversions Saint-Remisel, où une autre statue de la Vierge avait été érigée la veille de notre passage, au sommet d'une tour crénelée élevée à cet effet par la piété des habitants du pays, qui lui avaient donné le nom de *Tour de Malakoff*, et qui, pour l'inaugurer, avaient choisi le jour anniversaire de la prise de la célèbre forteresse russe. A Aquin, nous descendîmes de voiture, afin de gravir à pied le côteau de Vézelay. Là, nous rencontrâmes une roche composée d'un calcaire marneux, s'enlevant par plaques minces, et contenant de nombreuses pholadomyes, parmi lesquelles la *Pholadomya Vezelayi*, qui a emprunté son nom à ce gisement. La disposition feuilletée de ce calcaire a permis aux habitants d'Aquin de construire leurs maisons avec ses fragments plats, depuis la base jusqu'au faîte, c'est-à-dire, y compris la toiture. Cette roche, que plusieurs géologues réunissent à l'oolite inférieure, appartient, d'après M. Cotteau, à la grande oolite, dont elle forme la base ; elle semble répondre au *fullersort* des géologues anglais.

La ville de Vézelay a conservé une partie de ses fortifications ; nous entrâmes par la Porte-Sainte. La tradition du pays veut que ce soit près de cette porte, qu'en 1146 ait été dressée la tribune du haut de laquelle saint Bernard d'abord, et Louis VII ensuite, appelèrent la chrétienté à prendre part à la seconde croisade. On sait que l'empressement fut si grand, que les femmes elles-mêmes se croisèrent, et que les croix ayant manqué, le saint abbé et le roi déchirèrent leurs vêtements pour en faire de nouvelles. On sait aussi que cette croisade, commencée avec tant d'enthousiasme, finit par des revers, que l'abbé Suger avait prévus.

La tradition que nous venons de rapporter n'est pas d'accord avec l'histoire, qui affirme que la tribune de saint Bernard fut élevée dans la plaine que domine Vézelay, et le bon sens nous dit que l'histoire a raison ; car, autour de la Porte-Sainte, l'espace est trop restreint pour avoir pu contenir la foule accourue de toute part à l'appel du saint abbé de Clairvaux.

Dans la ville, tout près du lieu où tant de Prélats, où des Papes même sont venus s'agenouiller, on nous montra une maison où naquit, en 1519, un de leurs plus infatigables ennemis, Théodore de Bèze, l'ami et le disciple de Calvin.

Les archéologues nous firent les honneurs de la magnifique basilique que nous étions venus visiter avec eux. Nous admirâmes ensemble les belles sculptures des chapiteaux, celles du tympan du grand portail, qui sont répétées sur celui d'un portail intérieur ; les cryptes, la salle capitulaire, que le voisinage de l'immense nef rapetisse, par comparaison, au point de lui donner les dimensions apparentes d'une sacristie ordinaire, alors qu'elle suffit depuis longtemps, comme église, aux besoins religieux d'une population de près de deux mille âmes. Nous admirâmes aussi les voûtes si élevées, les tribunes si vastes, et surtout l'église des catéchumènes ou des pénitents, immense *Narthex*, servant comme de vestibule à l'église principale. Nous laissâmes nos archéologues étudier ce beau monument, que M. Viollet le Duc vient de restaurer d'une manière si remarquable, et nous montâmes au clocher. Un magnifique panorama s'offrit alors à nos yeux : c'était, au-dessous de nous, la vallée de la Cure, avec ses prairies, sa forêt de noyers et de peupliers, au-dessus de laquelle pointe le joli clocher roman de Saint-Père. C'était les côteaux couverts de vignes, et plus loin, d'autres côteaux encore, dont la couleur rouge attire les regards. Au sud, notre vue s'étendait sur les terrains granitiques du Morvant, qui empruntent une teinte sombre aux forêts dont ils sont couverts.

Le soleil baissait, il fallut songer au retour ; nous dinâmes à la hâte ; nous remontâmes en voiture, et nous reprîmes la route d'Auxerre. La nuit était venue, et plus de quarante kilomètres nous séparaient de cette ville ; un seul évènement signala, cependant, ce voyage nocturne. Votre rapporteur aperçut le premier, et fit remarquer à ses collègues, une comète, bien petite alors, mais dont nous avons tous, depuis, admiré l'éclat et la grandeur. Le lendemain matin, il fit de cette observation l'objet d'un rapport au congrès scientifique. Les Auxerrois virent dans cette comète un astre de bon augure, et un journaliste, après avoir fait connaître à ses lecteurs cette communication, s'écriait, dans un accès d'enthousiasme prophétique, « Bourguignons, réjouissons-nous ! nous aurons de bon vin !... »

(Extrait des ACTES de la Société Linnéenne de Bordeaux, Tome XXII, 5e livraison.)

Bordeaux.— Imp. et Lib. Maison LAFARGUE : CODERC, DEGRÉTEAU et POUJOL, success., rue Puits de Bagnc-Cap, 8. — Imprimerie de F. DEGRÉTEAU et Ce.

9 782329 073729